Made in the USA
Monee, IL
10 June 2021

70906285R00072